Das große Buch der

Kinder-
Geschichten

Inhalt

Vorspruch

Wenn die Kinder artig sind,
kommt zu ihnen das Christkind;
wenn sie ihre Suppe essen
und das Brot auch nicht vergessen,
wenn sie, ohne Lärm zu machen,
still sind bei den Siebensachen,
beim Spazierngehn auf den Gassen
von Mama sich führen lassen,
bringt es ihnen Gut's genug
und ein schönes Bilderbuch.

DER STRUWWELPETER

von
Dr. Heinrich Hoffmann

Sieh einmal, hier steht er.
Pfui! Der Struwwelpeter!
An den Händen beiden
ließ er sich nicht schneiden
seine Nägel fast ein Jahr;
kämmen ließ er nicht sein Haar.
„Pfui!", ruft da ein jeder,
„garst'ger Struwwelpeter!"

Die Geschichte vom bösen Friederich

Der Friederich, der Friederich,
das war ein arger Wüterich!
Er fing die Fliegen in dem Haus
und riss ihnen die Flügel aus.
Er schlug die Stühl und Vögel tot,
die Katzen litten große Not.
Und höre nur, wie bös er war:
Er peitschte, ach, sein Gretchen gar!

Am Brunnen stand ein großer Hund,
trank Wasser dort mit seinem Mund.
Da mit der Peitsch herzu sich schlich
der bitterböse Friederich;
und schlug den Hund, der heulte sehr,
und trat und schlug ihn immer mehr.
Da biss der Hund ihn in das Bein,
recht tief bis in das Blut hinein.
Der bitterböse Friederich,
der schrie und weinte bitterlich.
Jedoch nach Hause lief der Hund
und trug die Peitsche in dem Mund.

Ins Bett muss Friedrich nun hinein,
litt vielen Schmerz an seinem Bein;
und der Herr Doktor sitzt dabei
und gibt ihm bittre Arzenei.

Der Hund an Friedrichs Tischchen saß,
wo er den großen Kuchen aß;
aß auch die gute Leberwurst
und trank den Wein für seinen Durst.
Die Peitsche hat er mitgebracht
und nimmt sie sorglich sehr in Acht.

Die gar traurige Geschichte mit dem Feuerzeug

Paulinchen war allein zu Haus,
die Eltern waren beide aus.
Als sie nun durch das Zimmer sprang
mit leichtem Mut und Sing und Sang,
da sah sie plötzlich vor sich stehn
ein Feuerzeug, nett anzusehn.
„Ei", sprach sie, „ei, wie schön und fein!
Das muss ein trefflich Spielzeug sein.
Ich zünde mir ein Hölzchen an,
wie's oft die Mutter hat getan."

Und Minz und Maunz, die Katzen,
erheben ihre Tatzen.
Sie drohen mit den Pfoten:
„Der Vater hat's verboten!
Miau! Mio! Miau! Mio!
Lass stehn! Sonst brennst du lichterloh!"

Paulinchen hört die Katzen nicht!
Das Hölzchen brennt gar hell und licht,
das flackert lustig, knistert laut,
grad wie ihr's auf dem Bilde schaut.
Paulinchen aber freut sich sehr
und sprang im Zimmer hin und her.

Doch Minz und Maunz, die Katzen,
erheben ihre Tatzen.
Sie drohen mit den Pfoten:
„Die Mutter hat's verboten!
Miau! Mio! Miau! Mio!
Wirf's weg! Sonst brennst du lichterloh!"

Der Struwwelpeter

Doch weh! Die Flamme fasst das Kleid,
die Schürze brennt; es leuchtet weit.
Es brennt die Hand, es brennt das Haar,
es brennt das ganze Kind sogar.

Und Minz und Maunz, die schreien
gar jämmerlich zu zweien:
„Herbei! Herbei! Wer hilft geschwind?
Im Feuer steht das ganze Kind!
Miau! Mio! Miau! Mio!
Zu Hilf! Das Kind brennt lichterloh!"

Verbrannt ist alles ganz und gar,
das arme Kind mit Haut und Haar;
ein Häuflein Asche bleibt allein
und beide Schuh, so hübsch und fein.

Und Minz und Maunz, die kleinen,
die sitzen da und weinen:
„Miau! Mio! Miau! Mio!
Wo sind die armen Eltern? Wo?"
Und ihre Tränen fließen
wie's Bächlein auf den Wiesen.

Die Geschichte von den schwarzen Buben

Es ging spazieren vor dem Tor
ein kohlpechrabenschwarzer Mohr.
Die Sonne schien ihm aufs Gehirn,
da nahm er seinen Sonnenschirm.
Da kam der Ludwig hergerannt
und trug sein Fähnchen in der Hand.
Der Kaspar kam mit schnellem Schritt
und brachte seine Brezel mit.
Und auch der Wilhelm war nicht steif
und brachte seinen runden Reif.
Die schrien und lachten alle drei,
als dort das Mohrchen ging vorbei,
weil es so schwarz wie Tinte sei!

Der Niklas wurde bös und wild,
du siehst es hier auf diesem Bild!
Er packte gleich die Buben fest
beim Arm, beim Kopf, bei Rock und West:
den Wilhelm und den Ludewig,
den Kaspar auch, der wehrte sich.
Er tunkt' sie in die Tinte tief,
wie auch der Kaspar „Feuer" rief.
Bis übern Kopf ins Tintenfass
tunkt' sie der große Nikolas.

Da kam der große Nikolas
mit seinem großen Tintenfass.
Der sprach: „Ihr Kinder, hört mir zu
und lasst den Mohren hübsch in Ruh!
Was kann denn dieser Mohr dafür,
dass er so weiß nicht ist wie ihr?"
Die Buben aber folgten nicht
und lachten ihm ins Angesicht
und lachten ärger als zuvor
über den armen
schwarzen Mohr.

Du siehst sie hier, wie schwarz sie sind,
viel schwärzer als das Mohrenkind!
Der Mohr voraus im Sonnenschein,
die Tintenbuben hinterdrein;
und hätten sie nicht so gelacht,
hätt Niklas sie nicht schwarz gemacht.

Die Geschichte vom wilden Jäger

Es zog der wilde Jägersmann
sein grasgrün neues Röcklein an;
nahm Ranzen, Pulverhorn und Flint
und lief hinaus ins Feld geschwind.

Er trug die Brille auf der Nas
und wollte schießen tot den Has.

Das Häschen sitzt im Blätterhaus
und lacht den wilden Jäger aus.

Jetzt schien die Sonne gar zu sehr,
da ward ihm sein Gewehr zu schwer.
Er legte sich ins grüne Gras,
das alles sah der kleine Has.
Und als der Jäger schnarcht' und schlief,
der Has ganz heimlich zu ihm lief
und nahm die Flint und auch die Brill
und schlich davon ganz leis und still.

Die Brille hat das Häschen jetzt
sich selbst auf seine Nas gesetzt
und schießen will's aus dem Gewehr.

Der Jäger aber fürcht' sich sehr.
Er läuft davon und springt und schreit:
„Zu Hilf, ihr Leut, zu Hilf, ihr Leut!

Da kommt der wilde Jägersmann
zuletzt beim tiefen Brünnchen an.
Er springt hinein. Die Not war groß;
es schießt der Has die Flinte los.

Des Jägers Frau am Fenster saß
und trank aus ihrer Kaffeetass.
Die schoss das Häschen ganz entzwei,
da rief die Frau: „O wei! O wei!"

Doch bei dem Brünnchen heimlich saß
des Häschens Kind, der kleine Has.
Der hockte da im grünen Gras;

dem floss der Kaffee auf die Nas,
er schrie: „Wer hat mich da verbrannt?",
und hielt den Löffel in der Hand.

Die Geschichte vom Daumenlutscher

„Konrad!", sprach die Frau Mama,
„ich geh aus und du bleibst da.
Sei hübsch ordentlich und fromm,
bis nach Haus ich wieder komm.
Und vor allem, Konrad, hör!
Lutsche nicht am Daumen mehr;
denn der Schneider mit der Scher
kommt sonst ganz geschwind daher
und die Daumen schneidet er
ab, als ob Papier es wär."

Fort geht nun die Mutter, und
wupp, den Daumen in den Mund.

Bauz! Da geht die Türe auf,
und herein in schnellem Lauf
springt der Schneider in die Stub
zu dem Daumen-Lutscher-Bub.

Weh! Jetzt geht es klipp und klapp
mit der Scher die Daumen ab,
mit der großen scharfen Scher!
Hei! Da schreit der Konrad sehr.
Als die Mutter kommt nach Haus,
sieht der Konrad traurig aus.
Ohne Daumen steht er dort,
die sind alle beide fort.

Die Geschichte vom Suppen-Kaspar

Der Kaspar, der war kerngesund,
ein dicker Bub und kugelrund,
er hatte Backen rot und frisch;
die Suppe aß er hübsch bei Tisch.
Doch einmal fing er an zu schrein:
„Ich esse keine Suppe! Nein!
Ich esse meine Suppe nicht!
Nein, meine Suppe ess ich nicht!"

Am nächsten Tag, – ja, sieh nur her! –
da war er schon viel magerer.
Da fing er wieder an zu schrein:
„Ich esse keine Suppe! Nein!
Ich esse meine Suppe nicht!
Nein, meine Suppe ess ich nicht!"

Am dritten Tag, o weh und ach!
Wie ist der Kaspar dünn und schwach!
Doch als die Suppe kam herein,
gleich fing er wieder an zu schrein:
„Ich esse keine Suppe! Nein!
Ich esse meine Suppe nicht!
Nein, meine Suppe ess ich nicht!"

Am vierten Tage endlich gar
der Kaspar wie ein Fädchen war.
Er wog vielleicht ein halbes Lot –
und war am fünften Tage tot.

Die Geschichte vom Zappel-Philipp

„Ob der Philipp heute still
wohl bei Tische sitzen will?"
Also sprach in ernstem Ton
der Papa zu seinem Sohn,
und die Mutter blickte stumm
auf dem ganzen Tisch herum.
Doch der Philipp hörte nicht,
was zu ihm der Vater spricht.
Er gaukelt
und schaukelt,
er trappelt
und zappelt
auf dem Stuhle hin und her.
„Philipp, das missfällt mir sehr!"

Seht, ihr lieben Kinder, seht,
wie's dem Philipp weiter geht!
Schaut genau auf dieses Bild!
Seht! Er schaukelt gar zu wild,
bis der Stuhl nach hinten fällt;
da ist nichts mehr, was ihn hält;

nach dem Tischtuch
            greift er, schreit.
Doch was hilft's? Zu gleicher Zeit
fallen Teller, Flasch und Brot.
Vater ist in großer Not,
und die Mutter blicket stumm
auf dem ganzen Tisch herum.

Nun ist Philipp ganz versteckt,
und der Tisch ist abgedeckt,
was der Vater essen wollt,
unten auf der Erde rollt;
Suppe, Brot und alle Bissen,
alles ist herabgerissen;
Suppenschüssel ist entzwei,
und die Eltern stehn dabei.
Beide sind gar zornig sehr,
haben nichts zu essen mehr.

Die Geschichte vom Hans Guck-in-die-Luft

Wenn der Hans zur Schule ging,
stets sein Blick am Himmel hing.
Nach den Dächern, Wolken, Schwalben
schaut er aufwärts allenthalben:
Vor die eignen Füße dicht,
ja, da sah der Bursche nicht,
also dass ein jeder ruft:
„Seht den Hans Guck-in-die-Luft!"

Kam ein Hund dahergerannt;
Hänslein blickte unverwandt
in die Luft.
Niemand ruft:
„Hans, gib Acht, der Hund ist nah!"
Was geschah?
Bauz! Pardauz! – Da liegen zwei!
Hund und Hänschen nebenbei.

Einst ging er an Ufers Rand
mit der Mappe in der Hand.
Nach dem blauen Himmel hoch
sah er, wo die Schwalbe flog,
also dass er kerzengrad
immer mehr zum Flusse trat.
Und die Fischlein in der Reih
sind erstaunt sehr, alle drei.

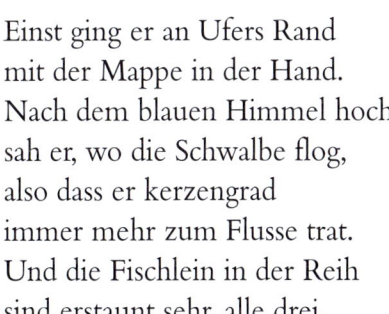

Noch ein Schritt! Und plumps! – der Hans
stürzt hinab kopfüber ganz!
Die drei Fischlein, sehr erschreckt,
haben sich sogleich versteckt.

Doch zum Glück, da kommen zwei
Männer aus der Näh herbei,
und die haben ihn mit Stangen
aus dem Wasser aufgefangen.

Seht! Nun steht er triefend nass!
Ei! Das ist ein schlechter Spaß!
Wasser läuft dem armen Wicht
aus den Haaren ins Gesicht,
aus den Kleidern, von den Armen;
und es friert ihn zum Erbarmen.

Doch die Fischlein alle drei
schwimmen hurtig gleich herbei;
strecken 's Köpflein aus der Flut,
lachen, dass man's hören tut,
lachen fort noch lange Zeit;
und die Mappe schwimmt schon weit.

Die Geschichte vom fliegenden Robert

Wenn der Regen niederbraust,
wenn der Sturm das Feld durchsaust,
bleiben Mädchen oder Buben
hübsch daheim in ihren Stuben.
Robert aber dachte: „Nein!
Das muss draußen herrlich sein!"
Und im Felde patschet er
mit dem Regenschirm umher.

Hui, wie pfeift der Sturm und keucht,
dass der Baum sich niederbeugt!
Seht! Den Schirm erfasst der Wind,
und der Robert fliegt geschwind
durch die Luft so hoch, so weit;
niemand hört ihn, wenn er schreit.
An die Wolken stößt er schon,
und der Hut fliegt auch davon.

Schirm und Robert fliegen dort
durch die Wolken immer fort.
Und der Hut fliegt weit voran,
stößt zuletzt am Himmel an.
Wo der Wind sie hingetragen,
ja, das weiß kein Mensch zu sagen.

MAX UND MORITZ

Eine
Bubengeschichte
in
sieben Streichen
von
Wilhelm Busch

Max und Moritz machten beide, als sie lebten, keinem Freude:
Bildlich siehst du hier die Possen, die in Wirklichkeit verdrossen,
mit behaglichem Gekicher, weil du selbst vor ihnen sicher.
Aber das bedenke stets: Wie man's treibt, mein Kind, so geht's.

Vorwort

Ach, was muss man oft von bösen
Kindern hören oder lesen!
Wie zum Beispiel hier von diesen,
welche Max und Moritz hießen.
Die, anstatt durch weise Lehren
sich zum Guten zu bekehren,
oftmals noch darüber lachten
und sich heimlich lustig machten.
Ja, zur Übeltätigkeit,
ja, dazu ist man bereit!
Menschen necken, Tiere quälen,

Äpfel, Birnen, Zwetschgen stehlen –
das ist freilich angenehmer
und dazu auch viel bequemer
als in Kirche oder Schule
fest zu sitzen auf dem Stuhle.
Aber wehe, wehe, wehe!
wenn ich auf das Ende sehe!
Ach, das war ein schlimmes Ding,
wie es Max und Moritz ging!
Drum ist hier, was sie getrieben,
abgemalt und aufgeschrieben.

Erster Streich

Mancher gibt sich viele Müh
mit dem lieben Federvieh:
einesteils der Eier wegen,
welche diese Vögel legen;
zweitens, weil man dann und wann
einen Braten essen kann;

drittens aber nimmt man auch
ihre Federn zum Gebrauch
in die Kissen und die Pfühle,
denn man liegt nicht gerne kühle.
Seht, da ist die Witwe Bolte,
die das auch nicht gerne wollte.

Ihrer Hühner waren drei
und ein stolzer Hahn dabei.
Max und Moritz dachten nun:
„Was ist hier jetzt wohl zu tun?"

Ganz geschwinde, eins, zwei, drei,
schneiden sie sich Brot entzwei,
in vier Teile, jedes Stück
wie ein kleiner Finger dick.

Diese binden sie an Fäden
übers Kreuz, ein Stück an jeden,
und verlegen sie genau
in den Hof der guten Frau.

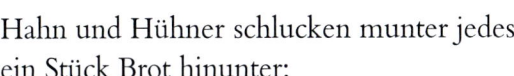

Kaum hat dies der Hahn gesehen,
fängt er auch schon an zu krähen: Kikeriki!
Kikikerikih!
Tak, tak, tak! – da kommen sie.

Hahn und Hühner schlucken munter jedes
ein Stück Brot hinunter;

aber als sie sich besinnen,
konnte keines recht von hinnen.

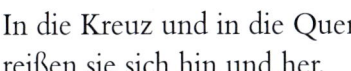

In die Kreuz und in die Quer
reißen sie sich hin und her,

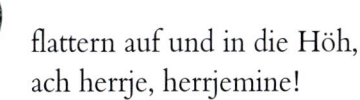

flattern auf und in die Höh,
ach herrje, herrjemine!

Ach, sie bleiben an dem langen
dürren Ast des Baumes hangen. –
Und ihr Hals wird lang und länger,
ihr Gesang wird bang und bänger.

Jedes legt noch schnell ein Ei,
und dann kommt der Tod herbei.

Witwe Bolte in der Kammer
hört im Bette diesen Jammer.

Ahnungsvoll tritt sie heraus:
Ach, was war das für ein Graus!
„Fließet aus dem Aug, ihr Tränen!
All mein Hoffen, all mein Sehnen,

meines Lebens schönster Traum
hängt an diesem Apfelbaum!"

Tief betrübt und sorgenschwer
kriegt sie jetzt das Messer her,
nimmt die Toten von den Strängen, dass
sie so nicht länger hängen.

Und mit stummem Trauerblick
kehrt sie in ihr Haus zurück. –
*Dieses war der erste Streich,
doch der zweite folgt sogleich.*

Zweiter Streich

Als die gute Witwe Bolte
sich von ihrem Schmerz erholte,
dachte sie so hin und her,
dass es wohl das Beste wär,
die Verstorb'nen, die hienieden
schon so frühe abgeschieden,
ganz im Stillen und in Ehren
gut gebraten zu verzehren.

Freilich war die Trauer groß,
als sie nun so nackt und bloß
abgerupft am Herde lagen,
sie, die einst in schönen Tagen
bald im Hofe, bald im Garten
lebensfroh im Sande scharrten.

Ach, Frau Bolte weint aufs Neu,
und der Spitz steht auch dabei.

Max und Moritz rochen dieses;
„Schnell aufs Dach gekrochen!", hieß es.

Durch den Schornstein mit Vergnügen
sehen sie die Hühner liegen,

die schon ohne Kopf und Gurgeln
lieblich in der Pfanne schmurgeln.

Eben geht mit einem Teller
Witwe Bolte in den Keller,
dass sie von dem Sauerkohle
eine Portion sich hole,
wofür sie besonders schwärmt,
wenn er wieder aufgewärmt. –

Unterdessen auf dem Dache
ist man tätig bei der Sache.
Max hat schon mit Vorbedacht
eine Angel mitgebracht.

Schwuppdiwupp! da wird nach oben
schon ein Huhn heraufgehoben;
schwuppdiwupp! jetzt Num'ro zwei;
schwuppdiwupp! jetzt Num'ro drei;
und jetzt kommt noch Num'ro vier:
schwuppdiwupp! dich haben wir!
Zwar der Spitz sah es genau,
und er bellt: Rawau! Rawau!
Aber schon sind sie ganz munter
fort und von dem Dach herunter.
Na, das wird Spektakel geben,
denn Frau Bolte kommt soeben.

Angewurzelt stand sie da,
als sie nach der Pfanne sah.
Alle Hühner waren fort!
„Spitz!" – Das war ihr erstes Wort.

„Oh, du Spitz, du Ungetüm!
Aber wart, ich komme ihm!"

Mit dem Löffel groß und schwer
geht es über Spitzen her;
laut ertönt sein Wehgeschrei,
denn er fühlt sich schuldenfrei.

Max und Moritz im Verstecke
schnarchen aber an der Hecke
und vom ganzen Hühnerschmaus
guckt nur noch ein Bein heraus.
Dieses war der zweite Streich,
doch der dritte folgt sogleich.

Dritter Streich

Alltagsröcke, Sonntagsröcke,
lange Hosen, spitze Fräcke,
Westen mit bequemen Taschen,
warme Mäntel und Gamaschen –
alle diese Kleidungssachen
wusste Schneider Böck zu machen.
Oder wäre was zu flicken,
abzuschneiden, anzustücken,
oder gar ein Knopf der Hose

abgerissen oder lose,
wie und wo und wann es sei,
hinten, vorne, einerlei –
alles macht der Meister Böck,
denn das ist sein Lebenszweck.
Drum so hat in der Gemeinde
jedermann ihn gern zum Freunde. –
Aber Max und Moritz dachten,
wie sie ihn verdrießlich machten.

Nämlich vor des Meisters Hause
floss ein Wasser mit Gebrause.
Übers Wasser führt ein Steg,
und darüber geht der Weg.

Max und Moritz, gar nicht träge,
sägen heimlich mit der Säge
ritzeratze! voller Tücke
in die Brücke eine Lücke.
Als nun diese Tat vorbei,
hört man plötzlich ein Geschrei:

„He, heraus, du Ziegen-Böck!
Schneider, Schneider, meck, meck, meck!"
Alles konnte Böck ertragen,
ohne nur ein Wort zu sagen;
aber, wenn er dies erfuhr,
ging's ihm wider die Natur.

Schnelle springt er mit der Elle
über seines Hauses Schwelle,
denn schon wieder ihm zum Schreck
tönt ein lautes „Meck, meck, meck!"

Und schon ist er auf der Brücke,
kracks! die Brücke bricht in Stücke.

Wieder tönt es: „Meck, meck, meck!"
Plumps! da ist der Schneider weg!
Grad als dieses vorgekommen,
kommt ein Gänsepaar geschwommen,

welches Böck in Todeshast
krampfhaft bei den Beinen fasst.

Beide Gänse in der Hand,
flattert er auf trocknes Land.

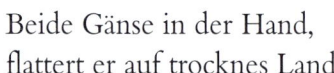

Übrigens – bei alledem
ist so etwas nicht bequem!

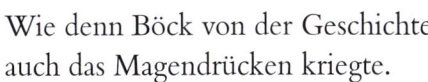

Wie denn Böck von der Geschichte
auch das Magendrücken kriegte.

Hoch ist hier Frau Böck zu preisen!
Denn ein heißes Bügeleisen,
auf den kalten Leib gebracht,
hat es wieder gutgemacht.

Bald im Dorf hinauf, hinunter
hieß es: Böck ist wieder munter. –
*Dieses war der dritte Streich,
doch der vierte folgt sogleich.*

Vierter Streich

Also lautet ein Beschluss:
dass der Mensch was lernen muss.
Nicht allein das Abc
bringt den Menschen in die Höh,
nicht allein im Schreiben, Lesen
übt sich ein vernünftig Wesen;
nicht allein in Rechnungssachen
soll der Mensch sich Mühe machen;
sondern auch der Weisheit Lehren
muss man mit Vergnügen hören.
Dass dies mit Verstand geschah,
war Herr Lehrer Lämpel da. –

Max und Moritz, diese beiden,
mochten ihn darum nicht leiden;
denn, wer böse Streiche macht,
gibt nicht auf den Lehrer Acht.
Nun war dieser brave Lehrer
von dem Tobak ein Verehrer,
was man ohne alle Frage
nach des Tages Müh und Plage
einem guten, alten Mann
auch von Herzen gönnen kann. –
Max und Moritz, unverdrossen,
sinnen aber schon auf Possen,
ob vermittelst seiner Pfeifen
dieser Mann nicht anzugreifen.

Einstens, als es Sonntag wieder
und Herr Lämpel brav und bieder
in der Kirche mit Gefühle
saß vor seinem Orgelspiele,
schlichen sich die bösen Buben
in sein Haus und seine Stuben,
wo die Meerschaumpfeife stand;
Max hält sie in seiner Hand,

aber Moritz aus der Tasche
zieht die Flintenpulverflasche
und geschwinde, stopf, stopf, stopf!
Pulver in den Pfeifenkopf.

Jetzt nur still und schnell nach Haus,
denn schon ist die Kirche aus.

Eben schließt in sanfter Ruh
Lämpel seine Kirche zu;
und mit Buch und Notenheften
nach besorgten Amtsgeschäften

lenkt er freudig seine Schritte
zu der heimatlichen Hütte,
und voll Dankbarkeit sodann
zündet er sein Pfeifchen an.
„Ach!", spricht er, „die größte Freud
ist doch die Zufriedenheit!"

Rums! Da geht die Pfeife los
mit Getöse, schrecklich groß.
Kaffeetopf und Wasserglas,
Tabaksdose, Tintenfass,
Ofen, Tisch und Sorgensitz –
alles fliegt im Pulverblitz.

und des Haares letzter Schopf
ist verbrannt bis auf den Kopf.
Wer soll nun die Kinder lehren
und die Wissenschaft vermehren?
Wer soll nun für Lämpel leiten
seine Amtestätigkeiten?

Fünfter Streich

Wer in Dorfe oder Stadt
einen Onkel wohnen hat,
der sei höflich und bescheiden,
denn das mag der Onkel leiden.
Morgens sagt man: „Guten Morgen!
Haben Sie was zu besorgen?"
Bringt ihm, was er haben muss:
Zeitung, Pfeife, Fidibus.
Oder sollt es wo im Rücken
drücken, beißen oder zwicken,
gleich ist man mit Freudigkeit
dienstbeflissen und bereit.

Als der Dampf sich nun erhob,
sieht man Lämpel, der gottlob!
lebend auf dem Rücken liegt;
doch er hat was abgekriegt.
Nase, Hand, Gesicht und Ohren
sind so schwarz als wie die Mohren,

Woraus soll der Lehrer rauchen,
wenn die Pfeife nicht zu brauchen?
Mit der Zeit wird alles heil,
nur die Pfeife hat ihr' Teil. –
Dieses war der vierte Streich,
doch der fünfte folgt sogleich.

Oder sei's nach einer Prise,
dass der Onkel heftig niese,
ruft man: „Prosit!" allsogleich,
„danke, wohl bekomm es Euch!"
Oder kommt er spät nach Haus,
zieht man ihm die Stiefel aus,
holt Pantoffeln, Schlafrock, Mütze,
dass er nicht im Kalten sitze.
Kurz, man ist darauf bedacht,
was dem Onkel Freude macht. –
Max und Moritz ihrerseits
fanden darin keinen Reiz.
Denkt euch nur, welch schlechten Witz
machten sie mit Onkel Fritz!

Jeder weiß, was so ein Mai-
käfer für ein Vogel sei.
In den Bäumen hin und her
fliegt und kriecht und krabbelt er.

Max und Moritz, immer munter,
schütteln sie vom Baum herunter.

In die Tüte von Papiere
sperren sie die Krabbeltiere.

Fort damit und in die Ecke
unter Onkel Fritzens Decke!

Bald zu Bett geht Onkel Fritze
mit der spitzen Zipfelmütze;

seine Augen macht er zu,
hüllt sich ein und schläft in Ruh.

Doch die Käfer, kritze, kratze!
kommen schnell aus der Matratze.

Schon fasst einer, der voran,
Onkel Fritzens Nase an.

„Bau!", schreit er, „was ist das hier?",
und er fasst das Ungetier.

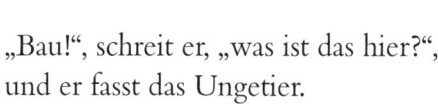

Und den Onkel voller Grausen
sieht man aus dem Bette sausen.

„Autsch!" – schon wieder hat er einen
im Genicke, an den Beinen;

hin und her und rundherum
kriecht es, fliegt es mit Gebrumm.

Onkel Fritz, in dieser Not,
haut und trampelt alles tot.

Guckste wohl! Jetzt ist's vorbei
mit der Käferkrabbelei!

Onkel Fritz hat wieder Ruh
und macht seine Augen zu. –
*Dieses war der fünfte Streich,
doch der sechste folgt sogleich.*

Sechster Streich

In der schönen Osterzeit,
wenn die frommen Bäckersleut
viele süße Zuckersachen
backen und zurechte machen,
wünschten Max und Moritz auch
sich so etwas zum Gebrauch.

Doch der Bäcker, mit Bedacht,
hat das Backhaus zugemacht.

Also, will hier einer stehlen,
muss er durch den Schlot sich quälen.

Ratsch! Da kommen die zwei Knaben
durch den Schornstein, schwarz wie Raben.

Puff! Sie fallen in die Kist,
wo das Mehl darinnen ist.

Da! Nun sind sie alle beide
rundherum so weiß wie Kreide.

Aber schon mit viel Vergnügen
sehen sie die Brezeln liegen.

Knacks! – da bricht der Stuhl entzwei;

schwapp! – da liegen sie im Brei.

Ganz von Kuchenteig umhüllt
stehn sie da als Jammerbild.

Gleich erscheint der Meister Bäcker
und bemerkt die Zuckerlecker.

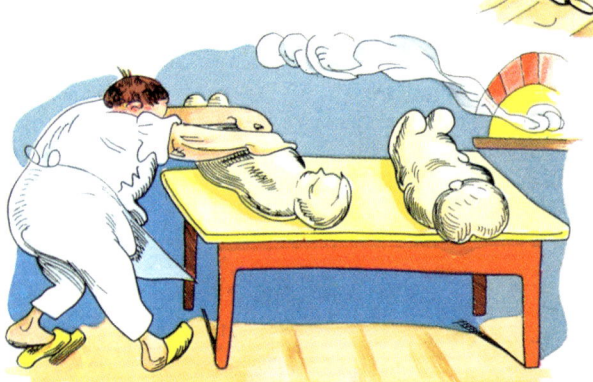

Eins, zwei, drei! – eh man's gedacht,
sind zwei Brote draus gemacht.

In dem Ofen glüht es noch –
ruff! – damit ins Ofenloch!

Ruff! – man zieht sie aus der Glut;
denn nun sind sie braun und gut.

Jeder denkt, die sind perdü!
Aber nein – noch leben sie.

Knusper, knasper! – wie zwei Mäuse
fressen sie durch das Gehäuse;

und der Meister Bäcker schrie:
„Ach herrje! da laufen sie!" –
Dieses war der sechste Streich,
doch der letzte folgt sogleich.

Letzter Streich

Max und Moritz, wehe euch!
Jetzt kommt euer letzter Streich!
Wozu müssen auch die beiden
Löcher in die Säcke schneiden?

Seht, da trägt der Bauer Mecke
einen seiner Maltersäcke.

Aber kaum dass er von hinnen,
fängt das Korn schon an zu rinnen.

Und verwundert steht und spricht er:
„Zapperment! Dat Ding werd lichter!"

Hei! da sieht er voller Freude
Max und Moritz im Getreide.

Rabs! – in seinen großen Sack
schaufelt er das Lumpenpack.

Max und Moritz wird es schwüle,
denn nun geht es nach der Mühle.

„Meister Müller, he, heran!
Mahl er das, so schnell er kann!"

„Her damit!" Und in den Trichter
schüttelt er die Bösewichter.

Rickeracke! Rickeracke!
geht die Mühle mit Geknacke.

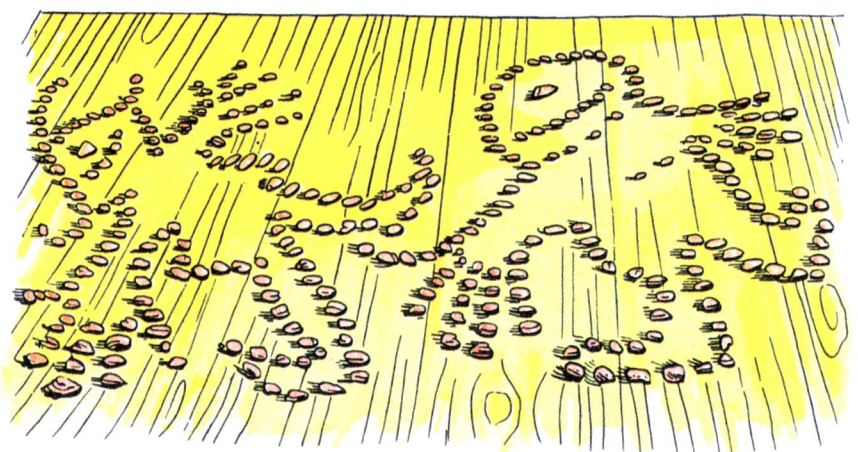

Hier kann man sie noch erblicken,
fein geschroten und in Stücken.

Doch sogleich verzehret sie
Meister Müllers Federvieh.

Schluss

Als man dies im Dorf erfuhr,
war von Trauer keine Spur.
Witwe Bolte, mild und weich,
sprach: „Sieh da, ich dacht es gleich!"
„Ja, ja, ja!", rief Meister Böck,
„Bosheit ist kein Lebenszweck!"
Drauf, so sprach Herr Lehrer Lämpel:
„Dies ist wieder ein Exempel!"
„Freilich!", meint der Zuckerbäcker,

„warum ist der Mensch so lecker!"
Selbst der gute Onkel Fritze
sprach: „Das kommt von dumme Witze!"
Doch der brave Bauersmann
dachte: „Wat geiht meck dat an?"
Kurz, im ganzen Ort herum
ging ein freudiges Gebrumm:
„Gott sei Dank! Nun ist 's vorbei
mit der Übeltäterei!"

Die Heinzelmännchen zu Köln

Von August Kopisch

Wie war zu Köln es doch vordem
mit Heinzelmännchen so bequem!
Denn, war man faul, – man legte sich
hin auf die Bank und pflegte sich:
da kamen bei Nacht,
eh man's gedacht,
die Männlein und schwärmten
und klappten und lärmten
und rupften und zupften
und hüpften und trabten
und putzten und schabten –
und eh ein Faulpelz noch erwacht,
war all sein Tagewerk –
bereits gemacht!

Die Zimmerleute streckten sich
hin auf die Spän und reckten sich.
Indessen kam die Geisterschar
und sah, was da zu zimmern war,
nahm Meißel und Beil
und die Säg in Eil;
sie sägten und stachen
und hieben und brachen,

berappten und kappten,
visierten wie Falken
und setzten die Balken –
eh sich's der Zimmermann versah,
klapp! stand das ganze Haus –
schon fertig da!

Beim Bäckermeister war nicht Not,
die Heinzelmännchen backten Brot.
Die faulen Burschen legten sich,
die Heinzelmännchen regten sich –
und ächzten daher
mit den Säcken schwer!

Und kneteten tüchtig
und wogen es richtig
und hoben und schoben
und fegten und backten
und klopften und hackten.
Die Burschen schnarchten noch im Chor:
da rückte schon das Brot,
das neue, vor!

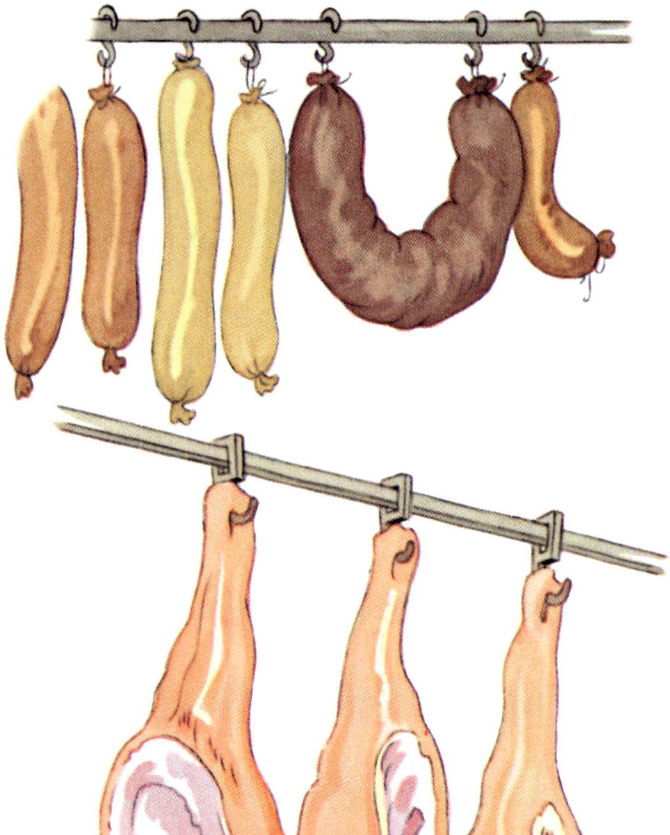

Beim Fleischer ging es just so zu:
Gesell und Bursche lag in Ruh.
Indessen kamen die Männlein her
und hackten das Schwein
die Kreuz und Quer.
Das ging so geschwind
wie die Mühl im Wind!

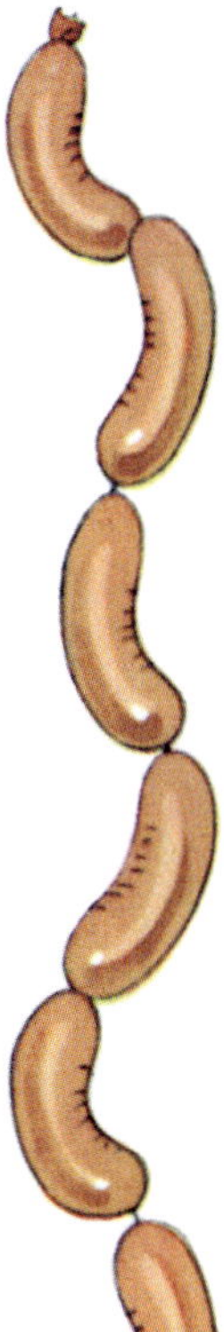

Die klappten mit Beilen,
die schnitzten an Speilen,
die spülten, die wühlten
und mengten und mischten
und stopften und wischten.
Tat der Gesell die Augen auf, –
wapp! hing die Wurst schon da
im Ausverkauf!

Beim Schenken war es so: es trank
der Küfer, bis er niedersank.
Am hohlen Fasse schlief er ein,
die Männlein sorgten um den Wein
und schwefelten fein
alle Fässer ein
und rollten und hoben
mit Winden und Kloben
und schwenkten und senkten
und gossen und panschten
und mengten und manschten,
und eh der Küfer noch erwacht,
war schon der Wein geschönt
und fein gemacht!

Einst hatt ein Schneider große Pein:
der Staatsrock sollte fertig sein;
warf hin das Zeug und legte sich
hin auf das Ohr und pflegte sich.

Da schlüpften sie frisch
in den Schneidertisch
und schnitten und rückten
und nähten und stickten
und fassten und passten
und strichen und guckten
und zupften und ruckten,
und eh mein Schneiderlein
                              erwacht,
war Bürgermeisters Rock –
bereits gemacht!

Neugierig war
des Schneiders Weib
und macht sich
diesen Zeitvertreib:
streut Erbsen hin
die andre Nacht.
Die Heinzelmännchen
kommen sacht:
Eins fährt nun aus,
schlägt hin im Haus,
die gleiten von Stufen
und plumpen in Kufen,
die fallen mit Schallen,
die lärmen und schreien
und vermaledeien!
Sie springt hinunter
auf den Schall
mit Licht: husch, husch,
husch, husch! –
verschwinden all!

Oh weh! nun sind sie alle fort,
und keines ist mehr hier am Ort!
Man kann nicht mehr wie sonsten ruhn,
man muss nun alles selber tun!
Ein jeder muss fein
selbst fleißig sein
und kratzen und schaben
und rennen und traben
und schniegeln und biegeln
und klopfen und hacken
und kochen und backen.
Ach, dass es noch
wie damals wär!
Doch kommt
die schöne Zeit
nicht wieder her.

Der kleine Häwelmann

Von Theodor Storm

Es war einmal ein kleiner Junge, der hieß Häwelmann.
Des Nachts schlief er in einem Rollenbett
und auch des Nachmittags, wenn er müde war.

Wenn er aber nicht müde war, so musste seine Mutter
ihn darin in der Stube umherfahren, und davon konnte
er nie genug bekommen.

Nun lag der kleine Häwelmann eines Nachts in seinem Rollenbett
und konnte nicht einschlafen; die Mutter aber schlief schon lange neben ihm
in ihrem großen Himmelbett.
„Mutter", rief der kleine Häwelmann, „ich will fahren!"
Und die Mutter langte im Schlaf mit dem Arm aus dem Bett und rollte die
kleine Bettstelle hin und her, und wenn ihr der Arm müde werden wollte,
so rief der kleine Häwelmann: „Mehr, mehr!", und dann ging das Rollen
wieder von vorne an.

Endlich aber schlief sie gänzlich ein;
und soviel der Häwelmann auch
schreien mochte, sie hörte
es nicht; es war rein vorbei.
Da dauerte es nicht lange,
so sah der Mond in die
Fensterscheiben,
der gute, alte Mond,

und was er da sah, war so
possierlich, dass er sich erst
mit seinem Pelzärmel über das
Gesicht fuhr, um sich die Augen
auszuwischen; so etwas hatte
der alte Mond all sein Lebtag
noch nicht gesehen.

Da lag der kleine Häwelmann mit offenen Augen in seinem Rollenbett und hielt das eine Beinchen wie einen Mastbaum in die Höhe. Sein kleines Hemd hatte er ausgezogen und hing es wie ein Segel an seiner kleinen Zehe auf; dann nahm er ein Hemdzipfelchen in jede Hand und fing mit beiden Backen an zu blasen.

Und allmählich, leise, leise, fing es an zu rollen, über den Fußboden, dann die Wand hinauf, dann kopfüber die Decke entlang und dann die andere Wand wieder hinunter.

„Mehr, mehr!", schrie Häwelmann, als er wieder auf dem Boden war; und dann blies er wieder seine Backen auf, und dann ging es wieder kopfüber und kopfunter.

Es war ein großes Glück für den kleinen Häwelmann, dass es gerade Nacht
war und die Erde auf dem Kopf stand; sonst hätte er doch gar zu leicht den
Hals brechen können.

Als er dreimal die Reise gemacht hatte, guckte der Mond ihm plötzlich
ins Gesicht. „Junge", sagte er, „hast du noch nicht genug?"

„Nein", schrie Häwelmann, „mehr, mehr! Mach mir die Tür auf! Ich will durch
die Stadt fahren; alle Menschen sollen mich fahren sehen."

„Das kann ich nicht", sagte der gute Mond; aber er ließ einen langen Strahl durch
das Schlüsselloch fallen; und darauf fuhr der kleine Häwelmann zum Haus hinaus.

Auf der Straße
war's ganz still und einsam.
Die hohen Häuser standen im
hellen Mondschein und glotzten mit
ihren schwarzen Fenstern recht dumm
in die Stadt hinaus; aber die Menschen waren
nirgends zu sehen. Es rasselte recht, als der
kleine Häwelmann in seinem Rollenbett über das
Straßenpflaster fuhr; und der gute Mond ging immer neben ihm und leuchtete.
So fuhren sie Straßen aus, Straßen ein; aber die Menschen waren nirgends
zu sehen. Als sie bei der Kirche vorbeikamen, da krähte auf einmal der große,
goldene Hahn auf dem Glockenturm. Sie hielten still.
„Was machst du da?", rief der kleine Häwelmann hinauf.
„Ich krähe zum ersten Mal!", rief der goldene Hahn herunter.
„Wo sind denn die Menschen?", rief der kleine Häwelmann hinauf.

„Die schlafen", rief der goldene Hahn herunter, „wenn ich zum dritten Mal krähe, dann wacht der erste Mensch auf."

„Das dauert mir zu lange", sagte der kleine Häwelmann, „ich will in den Wald fahren, alle Tiere sollen mich fahren sehen!"

„Junge", sagte der gute, alte Mond, „hast du noch nicht genug?"

„Nein", schrie Häwelmann, „mehr, mehr! Leuchte, alter Mond, leuchte!"

Und damit blies er die dicken Backen auf, und der gute Mond leuchtete, und so fuhren sie zum Stadttor hinaus und übers Feld in den dunklen Wald hinein.

Der gute Mond hatte große Mühe, zwischen den vielen Bäumen durchzukommen. Mitunter war er schon ein ganzes Stück zurück, aber er holte den Häwelmann doch immer wieder ein.

Im Walde war es still und einsam; die Tiere waren nicht zu sehen; weder die Hirsche noch die Hasen, auch nicht die kleinen Mäuse.
So fuhren sie immer weiter, durch Tannen- und Buchenwälder, bergauf, bergab.

Der gute Mond ging nebenher und leuchtete in alle
Büsche. Aber die Tiere waren nicht zu sehen. Nur
eine Katze saß oben in einem Eichbaum und funkelte
mit den Augen. Da hielten sie still.
„Das ist der kleine Hinze", sagte Häwelmann, „ich
kenne ihn wohl, er will die Sterne nachmachen."

Und als sie weiterfuhren, sprang die kleine Katze von Baum zu Baum.
„Was machst du da?", rief der kleine Häwelmann hinauf.
„Ich illuminiere!", rief die kleine Katze herunter.

„Wo sind denn die anderen Tiere?", rief der kleine Häwelmann.
„Die schlafen", rief die Katze und sprang wieder einen Baum weiter,
„horch nur, wie sie schnarchen!"
„Junge", sagte der gute, alte Mond, „hast du noch nicht genug?"
„Nein", schrie Häwelmann, „mehr, mehr! Leuchte, alter Mond, leuchte!"
Dann blies er die Backen auf, und der gute, alte Mond leuchtete.
So fuhren sie zum Wald hinaus und dann über die Heide bis ans Ende
der Welt und dann gerade in den Himmel hinein.

Hier war es lustig; alle Sterne waren wach
und hatten die Augen auf und funkelten,
dass der ganze Himmel blitzte.
„Platz da!", schrie Häwelmann und fuhr in
den Haufen hinein, dass die Sterne links
und rechts vor Angst vom Himmel fielen.
„Junge", sagte der gute, alte Mond, „hast
du noch nicht genug?"
„Nein!", schrie Häwelmann, „mehr, mehr!"

Und hast du nicht gesehen, fuhr er dem alten, guten Mond
quer über die Nase, dass er ganz dunkelbraun im Gesicht wurde. „Pfui!"
Und damit putzte er seine Laterne aus, und alle Sterne machten die
Augen zu. Da wurde es im ganzen Himmel so dunkel, dass man es
ordentlich mit Händen greifen konnte.

„Leuchte, alter Mond, leuchte!", schrie Häwelmann, aber der Mond war nirgends
zu sehen, auch die Sterne nicht; sie waren alle schon zu Bett gegangen.
Da fürchtete der kleine Häwelmann sich sehr, weil er so allein im Himmel
war. Er nahm sein Hemdzipfelchen in die Hände und blies die Backen auf;
aber er wusste weder aus noch ein, er fuhr kreuz und quer, hin und her, und
niemand sah ihn fahren, weder die Menschen noch die Tiere, noch auch die
lieben Sterne.

Da guckte endlich unten, ganz unten am Himmelsrand ein rotes,
rundes Gesicht zu ihm herauf, und der kleine Häwelmann meinte,
der Mond sei wieder aufgegangen.

„Leuchte, alter Mond, leuchte!", rief er. Und dann blies er wieder die
Backen auf und fuhr quer durch den ganzen Himmel und gerade drauflos.
Es war aber die Sonne, die gerade aus dem Meer heraufkam.

„Junge", rief sie und sah ihm mit ihren glühenden Augen ins Gesicht,
„was machst du hier in meinem Himmel?"

Und – eins, zwei, drei! – nahm sie den kleinen Häwelmann
und warf ihn mitten in das große Wasser.

Da konnte er schwimmen lernen. Und dann?

Ja, und dann? Weißt du nicht mehr? Wenn ich
und du nicht gekommen wären und den kleinen
Häwelmann in unser Boot genommen hätten,
so hätte er doch leicht ertrinken können!

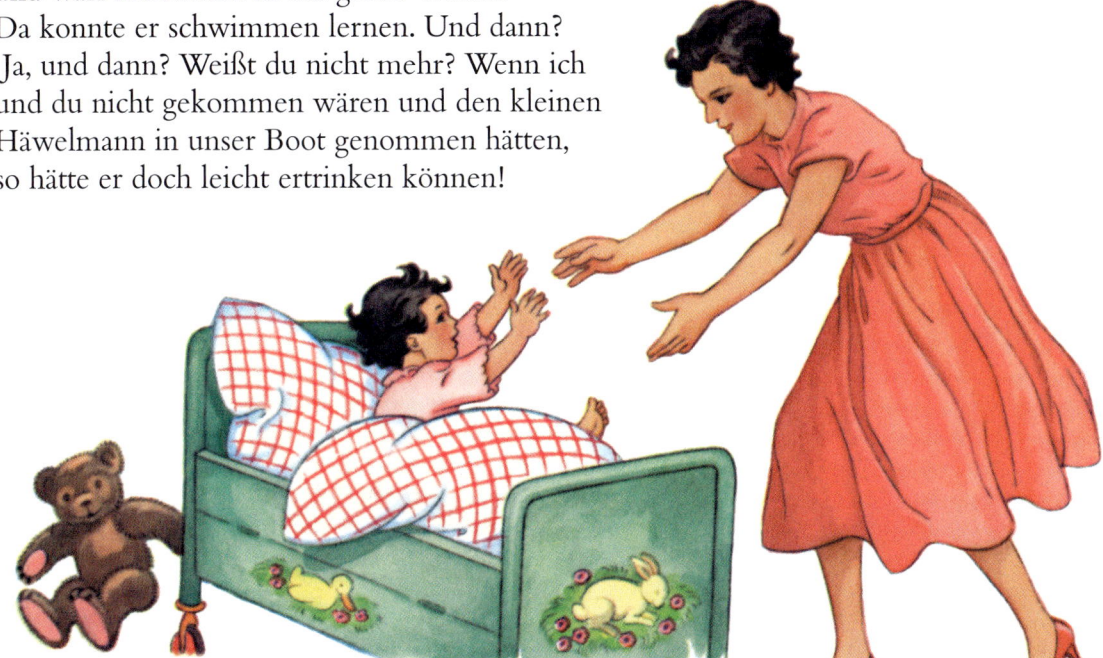

Die Abenteuer der Familie Igel

Mit Bildern von
Helga M. Roßmeisl

Im Wiesengrund, im Sonnenlicht,
ist heute Igelunterricht.
Auch zwei, drei Hamster sind gekommen.
Der Lehrer sagt: „Herzlich willkommen!"

Igel-Marie schnauft fürchterlich:
„Ich bin zu spät. Entschuldigt mich!
Ich hab uns Blumen mitgebracht
und nicht mehr an die Zeit gedacht!"

Der Lehrer kann nicht böse sein.
„Ich sehe, du bist nicht allein.
Setzt euch, denn jetzt beginnt die Stunde,
heut lehre ich Insektenkunde."

Nach Schulschluss wird gelacht, gespielt,
ein Käferspiel organisiert.
Die Biene winkt und ruft: „Ich brause
mit meinem Bruder jetzt nach Hause.
Macht's gut, und achtet auf die Taschen,
ich glaube, da will jemand naschen!"

Am Kiosk stärkt sich Igel-Lotte
derweil mit köstlicher Karotte.
„Wie wär's dazu mit einem Saft?"
„Ja, gerne, er schmeckt fabelhaft!"

Familie Dachs führt ein Geschäft,
das ihnen keine Ruhe lässt.
Von nah und fern kommt man gelaufen,
um Lebensmittel einzukaufen.

„Fünf Äpfel", ruft Frau Igel, „bitte,
und dazu eine Möhrenschnitte.
Ist die auch frisch?" „Das will ich meinen."
„Dann bitte zwei – für meinen Kleinen."

Der Hamster fragt mit ernster Miene:
„Was gibt es Neues, Fräulein Biene?"
Er ist auf Nachrichten versessen.
Hat sie auch wirklich nichts vergessen?

Am Waldrand probt der Hamsterchor.
Besonders schön singt der Tenor.
Der Dirigent erhebt die Hände.
„Kommst du zum Fest am Wochenende?",
fragt er Fritz Igel. „Ja, ich blase
im Waldorchester von Herrn Hase."

Blitzschnell verbreitet sich die Kunde
vom großen Fest im Wiesengrunde.
„Was ziehst du an?" „Tanzt du mit mir?"
„Der Tausendfüßler spielt Klavier???"

Der Tag ist da, das Fest beginnt,
eintrudelt Mann und Maus und Kind.
Von überall kommt man herbei.
„Ist für mich noch ein Plätzchen frei?"
Am Tische sitzt, wer Hunger hat.
„Ich nehme zwei Stück Grünkohlblatt!"

Paul Käfer hat sehr viel zu tun,
spült Gläser, ohne auszuruhn.
„Ich helfe dir", sagt Igel-Liese.
Max bringt Getränke auf die Wiese.

Man tanzt, man singt, man trinkt und lacht
und feiert laut, bis in die Nacht.
Das Wiesenfest ist schließlich aus,
und alle Tiere gehn nach Haus.

Tinchen und Theo

Von Erika Scheuering
Mit Bildern von Ray Cresswell

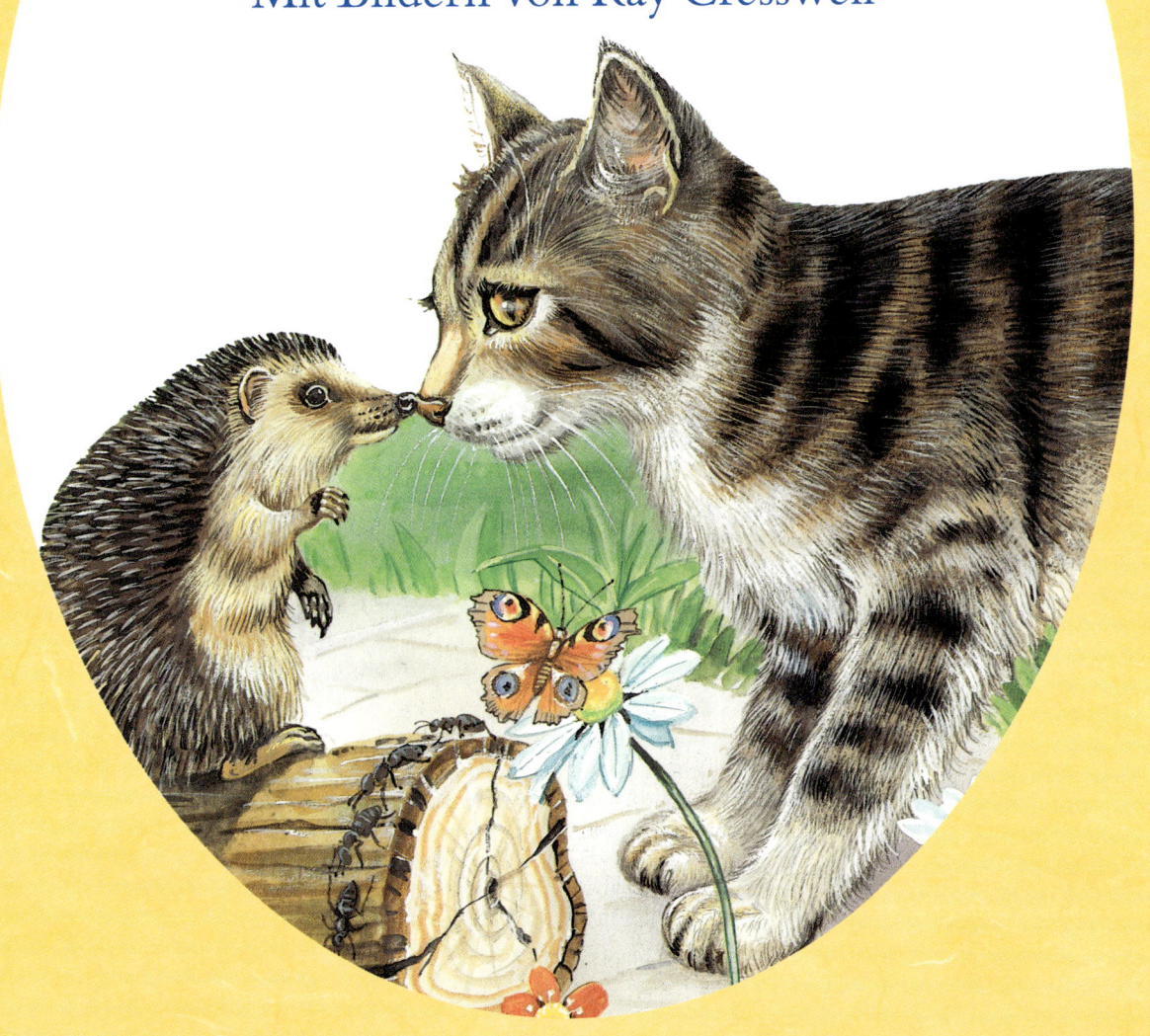

Tinchen und Theo

Theo, der alte Kater, streift durch den Garten. Das ist sein Revier, hier kennt er jeden Grashalm und natürlich auch alle Tiere, die hier wohnen. Doch als er durch die dichte Hecke pirscht, stutzt er plötzlich.

Wer weint denn so? Es ist Tinchen, das Igelkind.

„Hallo, Tinchen", schnurrt der Kater. „Was ist denn los mit dir? Kann ich dir irgendwie helfen?"

„Ja! Ich hab solchen Hunger!", schluchzt das kleine Igelmädchen. „Meine Mama wollte nur schnell etwas zu essen suchen, aber sie kommt einfach nicht zurück!"

„Das ist aber seltsam", brummt Theo besorgt. Er kennt die Igelmutter gut und weiß, dass sie ihr Kind nicht lange allein lässt. Da muss etwas passiert sein!

Plötzlich pfeift jemand oben in den Zweigen des Kirschbaums. Da sitzt Pepe, das Gartenrotschwänzchen. „Ich glaube, sie ist überfahren worden!", ruft es dem Kater zu. „Auf der Straße vor dem Haus liegt ein toter Igel!" Da weint Tinchen noch mehr.

„Armes Tinchen!", sagt Pepe traurig zu Theo. „Sie ist noch zu klein, um für sich allein zu sorgen!"

Der alte Kater nickt nachdenklich. Dann sagt er: „Weißt du was, Tinchen? Du kannst bei mir mitessen."

Tinchen schnieft: „Ich mag keine Mäuse!" Aber Theo beruhigt sie: „Keine Sorge, Kleine! Ich fange keine Mäuse mehr. Dazu bin ich viel zu alt. Meine Menschen füttern mich immer mit gekochtem Fleisch und Gemüse. Das schmeckt dir bestimmt auch." Er führt das Igelkind zu seinem Futternapf, der gerade frisch gefüllt worden ist und verführerisch duftet. Tinchen macht sich heißhungrig darüber her. Als sie das Schüsselchen leer geleckt hat, schaut sie Theo ganz erschrocken an. „Jetzt hast du ja gar nichts mehr", murmelt sie.

„Das macht doch nichts", erklärt der Kater. „Ich kriege immer mehr, als ich brauche."

„Du hast es gut", seufzt Tinchen da sehnsüchtig.

„Ich hab eine Idee", sagt Theo plötzlich. „Du bleibst einfach bei mir, bis du alt genug bist, um dir selbst etwas zu essen zu suchen. Gut?" Das Igelmädchen strahlt und nickt. „Au ja!", ruft es, und ehe Theo sich's versieht, hat Tinchen ihn auf die Nase geküsst. Und hat ihn dabei nicht einmal gestochen!